QUELQUES LIGNES

SUR

LA TOUCHE-TRÉVILLE

PAR

H. KROHM

Officier du service administratif de la Marine en retraite,

Chevalier de la Légion d'honneur.

ROCHEFORT

IMPRIMERIE TRIAUD ET GUY, PLACE COLBERT

1878

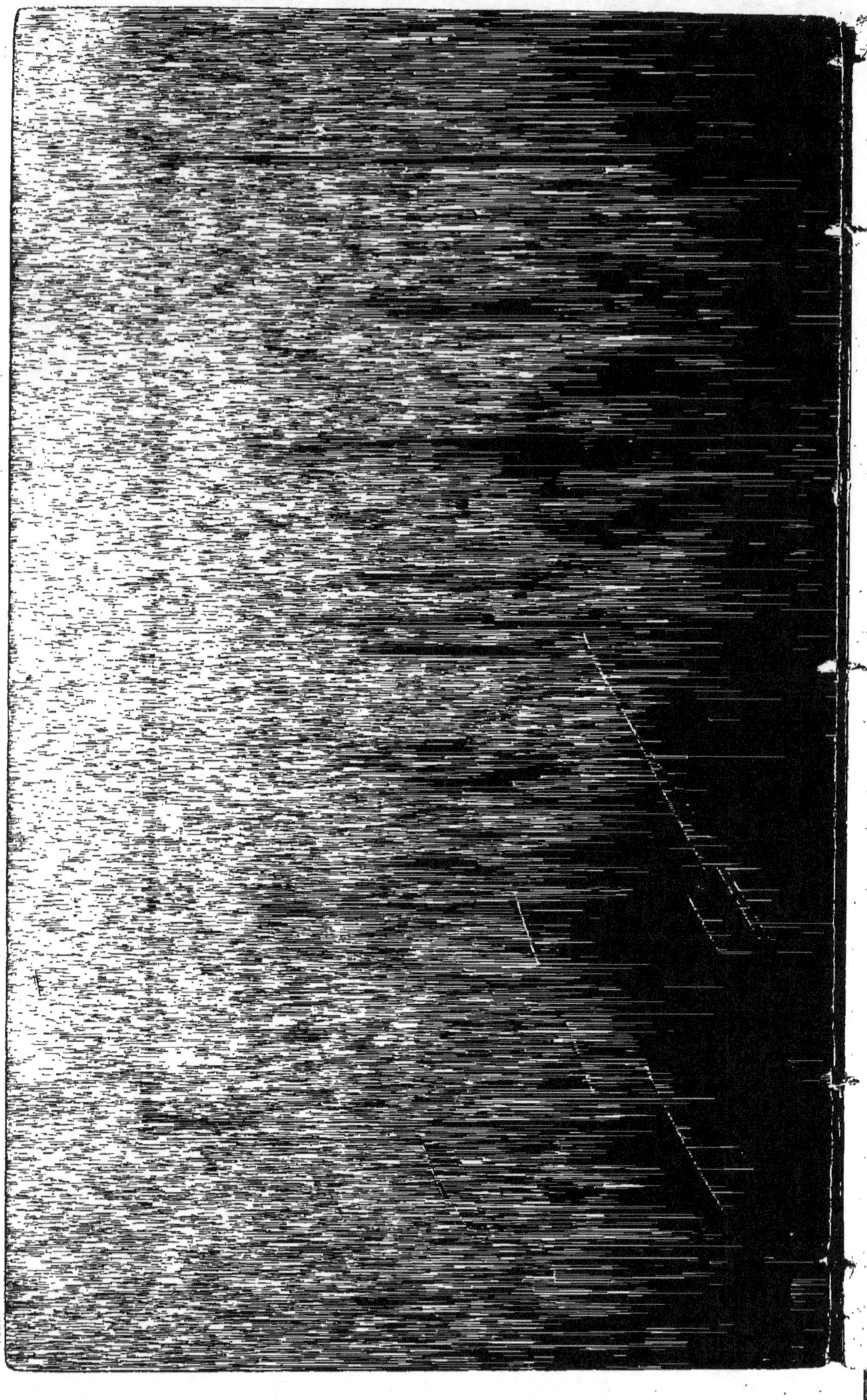

QUELQUES LIGNES

SUR

LA TOUCHE-TRÉVILLE

PAR

H. KROHM

Officier du service administratif de la Marine en retraite,

Chevalier de la Légion d'honneur.

ROCHEFORT

IMPRIMERIE TRIAUD ET GUY, PLACE COLBERT

1878.

QUELQUES LIGNES

SUR

LA TOUCHE-TRÉVILLE

LA TOUCHE-TRÉVILLE (LOUIS-RENÉ LEVASSOR, COMTE DE) *vice-amiral, grand officier de la Légion-d'honneur, né à Rochefort, le 3 juin 1745, mort sur le* Bucentaure, *en rade de Toulon, le 19 août 1804.*

> Offrir à ses concitoyens de rares vertus à imiter, jeter sur des tombes bénies des paroles qui consolent ceux qui les entourent d'un culte pieux et sacré, c'est là l'œuvre d'un homme de bien.
>
> Madame SAVIGNY (de Rochefort).
>
> La Touche-Tréville fut envoyé à la Constituante : Ses opinions lui firent prendre place au milieu de la majorité qui fonda les institutions de la Révolution.
>
> (*Les célébrités du XIXe siècle*, Notices biographiques.)

Saluons la plus grande figure dont l'histoire de la marine française nous ait transmis le souvenir depuis la première République jusqu'à nos jours !

La Touche-Tréville avait le front haut et large, un teint vif et coloré et de grands yeux bleus étincelant d'intelligence et d'énergie. — Comme les héros de Plutarque, ce soldat fameux ne rêva jamais que de patrie et de gloire !

Ses talents supérieurs étaient tellement au-dessus de la discussion, on le savait si bien le seul capitaine capable de balancer la fortune de Nelson, qu'il ne se trouva pas un seul officier, et, cependant, les grincheux fourmillent dans les carrés... qui ne se sentit vivement attiré par sa fière parole, que l'on regardait comme la voix de la patrie, qui semait partout la confiance, qui produisait l'enthousiasme chez ses officiers et ses équipages qui l'adoraient !

C'est dans la rade de Boulogne que, selon une expression célèbre, il fit connaître son tirant d'eau.

Quelques lignes donc, bien pâles sans doute, pour rappeler le souvenir d'une page brillante pour notre noble pavillon !

Lorsque, inquiète de la présence de l'amiral français devant ses rivages menacés par Napoléon, l'Angleterre dut appeler Nelson du fond de la Baltique où il faisait la guerre, le terrible capitaine accourut avec trente voiles, dont trois vaisseaux à trois ponts, quatre frégates, des corvettes, des canonnières, des bombardes et des brûlots, que précédait sa foudroyante réputation, conquise sur vingt champs de bataille, accrue tout récemment encore par la défaite du faible et infortuné Brueys à Aboukir, un immense désastre, mais où Dupetit-Thouars, le héros digne des jours antiques, tomba en s'immortalisant !

Nelson et La Touche-Tréville, les deux plus remarquables personnalités des marines rivales, allaient se rencontrer sur un champ de bataille, un duel à coups de canon entre ces rois de la mer, avec l'Europe attentive et passionnée pour galerie !

L'Anglais, superbe et hautain, gâté par la fortune ; le Français, calme et fier, attendant tout de la capricieuse déesse.

Nelson s'avança, et après avoir fait ses préparatifs de combat avec son habileté accoutumée, d'un signe il déchaîna sur la flottille française l'ouragan de fer et de flammes de son artillerie.

Sombre revers de sa brillante médaille, cet homme prodigieux trouvait, enfin, devant lui, un adversaire de sa taille ! — Et malgré ses machines infernales, nos chaloupes-canonnières, « ces coquilles de noix », disait-il dédaigneusement, qu'il devait détruire dans une heure, tinrent bon ! — « La ligne d'embossage ne put être ébranlée ! » — Et il était repoussé avec une vigueur, une énergie sans pareilles ! — Forcé d'avouer qu'il n'était pas assez fort, pour la première fois, le célèbre capitaine anglais dut battre en retraite !...

Le cœur débordant de colère et de haine, le vainqueur d'Aboukir revint, la semaine suivante, avec d'immenses renforts de frégates et de corvettes, et la nuit à peine tombée, il se jeta de nouveau sur notre flottille — « cette fragile forteresse » — derrière laquelle il dut, enfin, le reconnaître s'était arc-bouté un titan, qui ne broncha pas! — Et dans cette nuit fatale, qu'il n'oublia jamais, dont l'effroyable souvenir le déchirait encore quand une balle française, trop tardive, l'abattit mourant sur le pont de la *Victoire*, à Trafalgar ; — dans cette nuit fatale, dis-je, à des pertes énormes en matériel et en hommes, Nelson dut ajouter une autre perte vivement sentie : les derniers coups de canon de nos vaisseaux lui tuèrent le meilleur de ses officiers et l'un de ses plus chers amis : — « La division du capitaine Parker marchait en tête ; elle fut reçue avec intrépidité par la canonnière l'*Etna*, et peu d'instants après, la résistance était organisée sur toute la ligne. — La mitraille de nos pièces et la fusillade de notre infanterie repoussèrent l'ennemi. — Parker fut blessé à mort, et perdit la moitié de ses soldats ».

Qui n'a lu la gracieuse et touchante poésie, immortelle couronne, que le grand Byron déposa sur la tombe du brave officier anglais, son ami?

C'est dans ce moment, et après six heures d'une lutte terrible, splendide spectacle ! que plus d'un officier ennemi dût prendre pour un rêve de l'enfer, c'est alors, dis-je, que l'on vit, pour la seconde fois, le général en chef de toutes les forces navales de l'Angleterre, un titre que son gouvernement venait de lui donner, l'intrépide et redoutable amiral anglais, blessé, sanglant, la rage au cœur, se retirer au large avec sa flotte, et disparaître enfin à l'horizon pour ne plus revenir !...

Aux cris d'enthousiasme de la France, Albion répondit par les clameurs de l'épouvante. — Le grand ministre Pitt lui-même, qui sauva son pays et la liberté du continent, ploya l'un des premiers sous la panique générale, et la Grande-Bretagne, affolée, s'empressa de demander la paix !

Après l'effroyable fiasco de Nelson devant Boulogne, on attendait tout du génie de La Touche-Tréville.

Nous sommes heureux de rappeler ici, qu'autour de ce soleil levant, gravitaient des étoiles de première grandeur ; qu'au nombre de ses capitaines, dont plusieurs arrivèrent au sommet du mât, et où l'on trouve les Coudé, les Bénoist, les Maistral, les Infernet, les Ségond, les Cosmao, le roi des loups de mer comptait plusieurs officiers appartenant au port de Rochefort : c'étaient les Duperré, les Jacob, les Freycinet, les Lucas, les Tourneur, les Etienne, les Renaudin, les Savary, les Fradin, les Krohm, pléïade de héros dont l'histoire a inscrit les noms dans ses pages immortelles ! (1)

Malgré son audace et la conscience de sa force, l'inquiétude perçait dans les let-

(1) Ces noms se trouvent dans un élégant volume ayant pour titre : *Les Gloires maritimes de la France*, notices biographiques, par MM. Levot, conservateur de la bibliothèque du port de Brest, correspondant du ministère de l'Instruction publique pour les travaux historiques, chevalier de la Légion d'honneur, et A. Donneaud, licencié ès-lettres, professeur de littérature à l'Ecole navale, ancien professeur d'histoire des lycées, etc.

tres de Nelson à ses amis. — Il ne se faisait plus d'illusion. — Il savait qu'à son heure son rude adversaire lui eût fait voir *de quel bois étaient faits ses vaisseaux, qu'il oserait l'attaquer, le combattre,* et le vaincre peut-être! a ajouté la postérité. — C'eût été une affaire de temps.

« ... La Touche-Tréville seul pouvait tromper Nelson et faire réussir les projets de Napoléon pour s'emparer de l'Angleterre. Napoléon, dit notre célèbre historien Thiers, lui déroula son projet, lui en fit toucher la probabilité, lui en découvrit la grandeur, les conséquences immenses, et parvint à faire passer dans son âme toute l'ardeur qui transportait la sienne. — Soyons maîtres du détroit pendant six heures, écrivait-il à son amiral, et nous sommes maîtres du monde! »

« La Touche-Tréville était prêt à tout tenter pour relever notre fortune, quand la mort vint anéantir ces merveilleuses espérances! Sans cette mort cruelle qui, dans ces circonstances, fut *une perte irréparable pour la France* », Nelson, cela n'est pas douteux, eût eu de la peine à se faire élever une tombe à Westminster, la nécropole royale !

La chronique rapporte qu'en apprenant la mort de l'amiral français, Nelson ne put se contenir, et qu'il laissa échapper un cri de joie ! Cependant, la France comptait dix officiers généraux du plus grand mérite, car ils avaient noms : Truguet, Bruix, Martin, Ganteaume, Rosily, Bouvet, Caffarelly, Missiessy, Leissègues, Villeneuve qui, tous, étaient capables de relever l'épée qui s'échappait de la main mourante de La Touche-Tréville... Hélas ! j'ai nommé Villeneuve.

Tel brille au second rang qui s'éclipse au premier !

Le corps de La Touche-Tréville était à peine refroidi dans sa tombe héroïque, que le 21 octobre 1805, Villeneuve se trouvait face à face de Nelson, à Trafalgar ! Effroyable journée, dont la date fatale est couverte d'un long voile de deuil, car, selon la fière parole de l'illustre vaincu à la bataille de Pavie, « tout fut perdu, hors l'honneur ! »

Après les ovations posthumes en l'honneur de Régnault de Saint-Jean-d'Angély, de Chasseloup-Laubat, des ministres, d'éminents hommes d'Etat, de Duperré, le célèbre capitaine de la *Bellone* au combat du Grand Port, dans l'Inde, le digne héritier de Suffren dans ces lointains parages, auxquels la France, respectueuse, vient d'élever des statues, cette consécration suprême, il est impossible que Rochefort, la fière et gracieuse reine de la Saintonge, à juste titre si jalousée, qui n'eut pas dû se laisser devancer, tarde plus longtemps, ne s'empresse enfin, enfin, de payer sa dette d'honneur à la mémoire du plus illustre de ses enfants, « *le plus grand général de mer peut-être de ce siècle* ! » rapporte l'histoire, qui, un jour, à jamais mémorable dans la marine, fit pâlir Nelson et trembler l'Angleterre !

C'est le 4 août 1801 que Nelson, notre terrible ennemi, dut ployer le genou devant le génie de La Touche-Tréville, dût fuir avec ses vaisseaux désemparés de la rade fameuse !...

Quelle bonne fortune, alors, pour notre Conseil municipal patriote, de pouvoir réparer ce désolant oubli, pour que cette gloire nationale soit acclamée, non-seulement de la noble cité rochefortine, mais de la France tout entière, qui a toujours les mains ouvertes quand il s'agit de raviver de glorieux souvenirs.

Avec un nom aussi sympathique, le succès d'une souscription n'est pas, ne peut pas être douteux. Que l'affaire soit lancée, et le gouvernement tout entier, le président de la République en tête, se feront un devoir et un honneur de couvrir les premières listes de leurs noms.

La statue de La Touche-Tréville, c'est la glorification d'un grand soldat de la Révolution, vers laquelle, sous peine de périr, on l'a vu pendant la guerre de 1870-71, la France doit incessamment attirer les regards de ses enfants.

Sursum corda !

Au *Væ victis !* cet anathème si cher aux barbares de tous les siècles, le nôtre compris, pleins de foi dans l'avenir, nos enfants répondent déjà par le cri généreux : *Gloria victis* ! gloire au grand vaincu, car il se relèvera !

Le lion lèche son flanc déchiré par la balle, et, l'œil sanglant, plein de fauves éclairs, il aiguise ses griffes redoutables. Il est debout !

Pour exalter leur courage, racontons-leur les miracles de la France d'un autre âge.

92 ! époque homérique, flamboyante et sainte épopée !

Rappelons-leur souvent, pour qu'ils ne l'oublient jamais, jamais ! qu'à la voix de la patrie,

Sublime dévouement si jamais il en fut !

quatorze armées surgirent comme par enchantement du vieux sol gaulois qui, après avoir donné Vercingétorix et le Brenn, devant qui Rome a tremblé, tenait tout prêts, sous l'œil de la Providence, des généraux, aigles aux grandes envergures, qui répondaient aux noms de Bonaparte, de Hoche, de Marceau, de Carnot, de Jourdan, de Kellermann, de Suchet, de Kléber, de Masséna... Je m'arrête, j'en aurais trop à citer; — et les hordes de l'Europe esclave, qui s'étaient ruées sur la France pour étouffer le jet de flammes de son génie immortel, disparurent devant nos légions de volontaires, comme les feuilles mortes de nos bois s'envolent dans les tourbillons de la tempête !

Le bronze de La Touche-Tréville, à la tête puissante et fière!...

Hâtez-vous, le temps presse !...

Faites que nos marins, nos enfants, l'espoir de la patrie, nos vengeurs à venir, puissent venir s'incliner, rêver et s'inspirer devant l'image d'un héros qui fut un des éblouissements de notre marine.

Qui sait si, insondable mystère, ce que nous devons espérer, ce spectacle, comme toutes les grandes visions, ne produira pas, pour la millième fois, l'éclosion de quelques remarquables vocations, encore à l'état embryonnaire dans les limbes du cerveau humain ?... — Si, un jour prochain, on ne lui devra pas des officiers de la taille de ces géants qui ont eu nom Jean-Bart, Suffren, La Touche-Tréville, Ségond, Tourville, Duquesne, Dupetit-Thouars, Duperré, Surcouf, Bisson... et tant d'autres que je pourrais nommer, qui jetèrent un immense éclat sur le pavillon de la France, la patrie des hommes de cœur et des dévouements sublimes !...

Hâtez-vous !

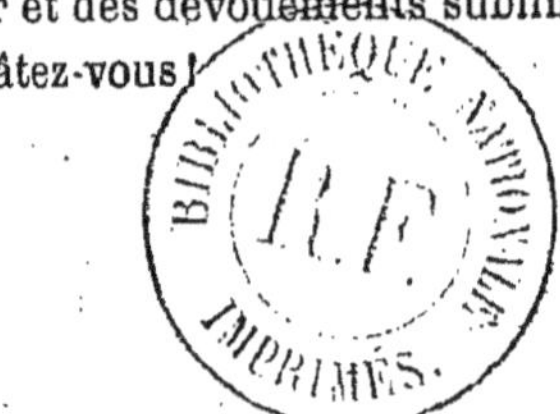

Rochefort. — Imp. Triaud et Guy.

www.ingramcontent.com/pod-product-compliance
Lightning Source LLC
LaVergne TN
LVHW020514230826
846091LV00008BA/3479

9782019931902